Die Stifte sind zerbrochen.
Verbinde die zusammenpassenden Hälften.

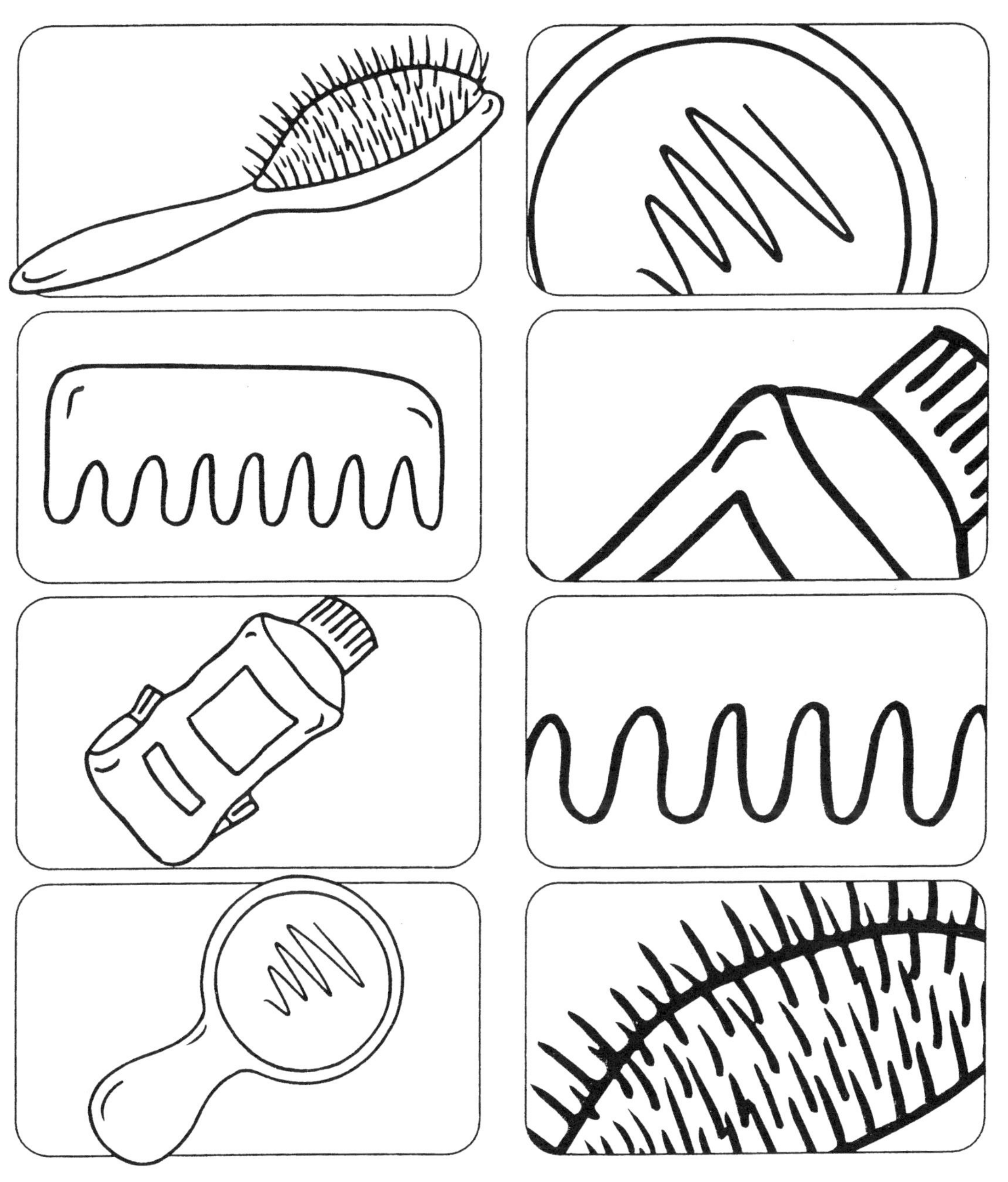

Einmal nah – einmal fern.
Verbinde, was zusammengehört!

Welches Tier passt nicht dazu?
Male es aus!

In jeder Reihe sieht ein Bild anders aus als
die anderen. Streiche es durch!

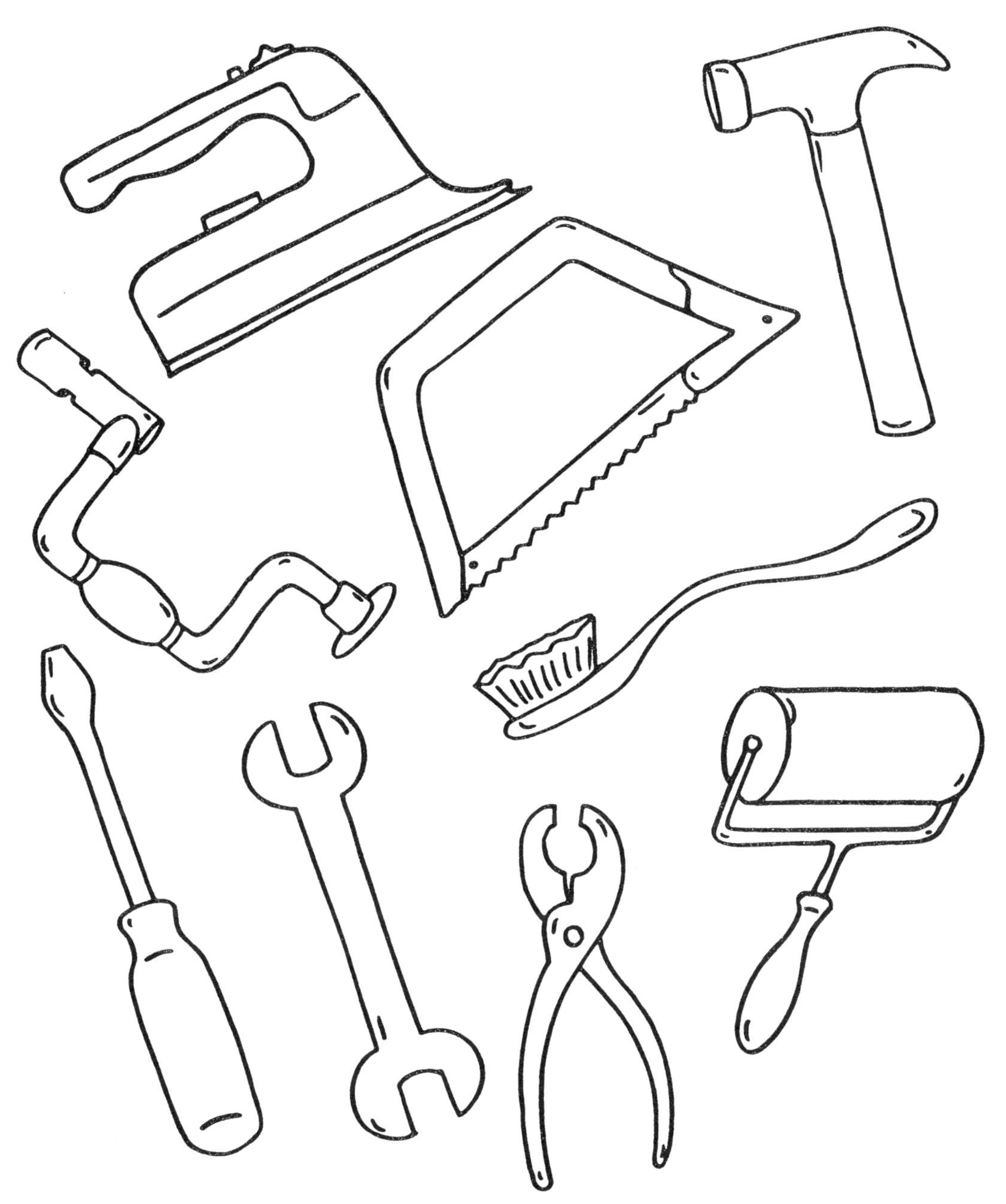

Hier haben sich falsche Sachen eingeschlichen.
Streiche sie durch!

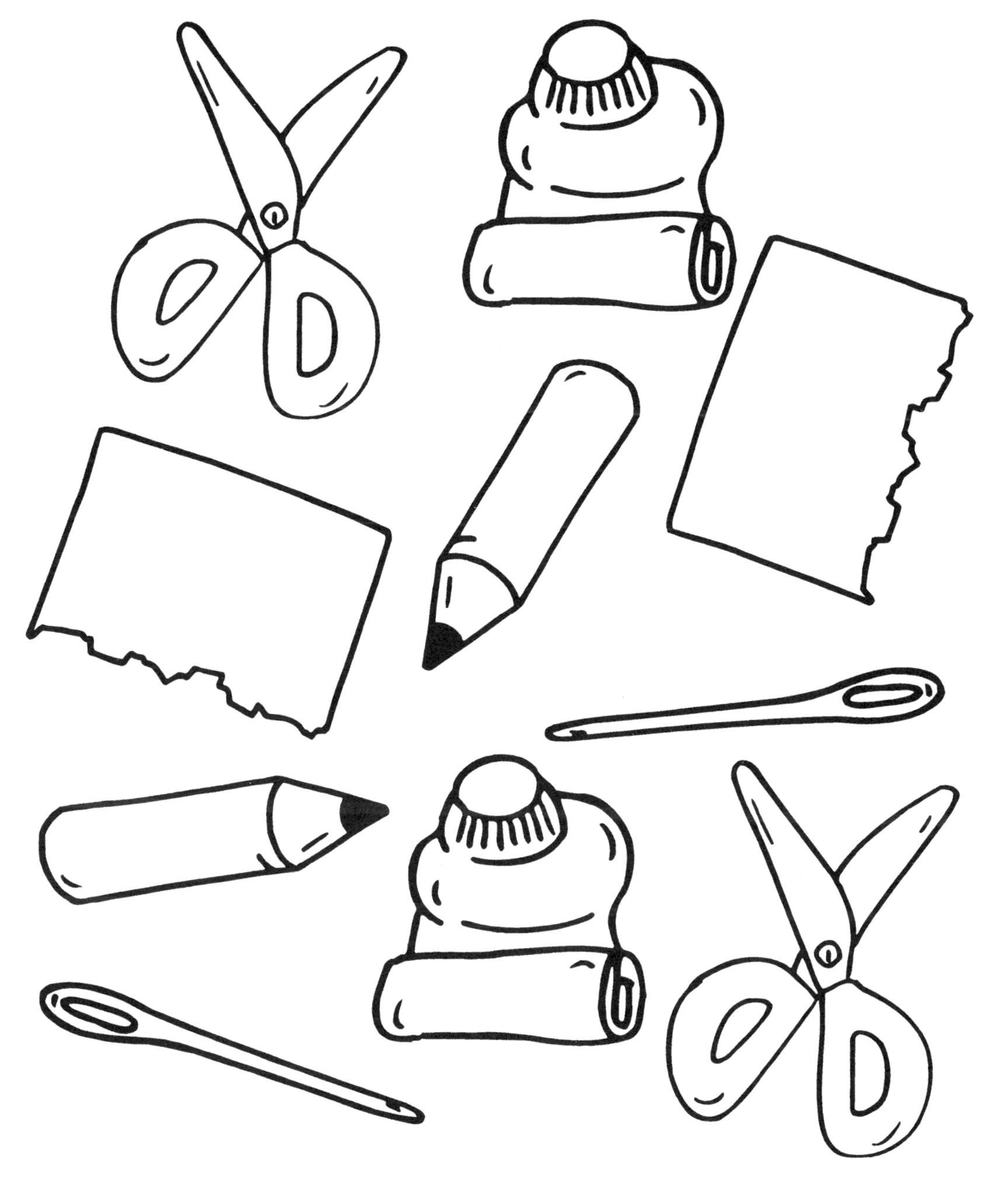

Verbinde immer die Dinge miteinander,
die sich gleichen.

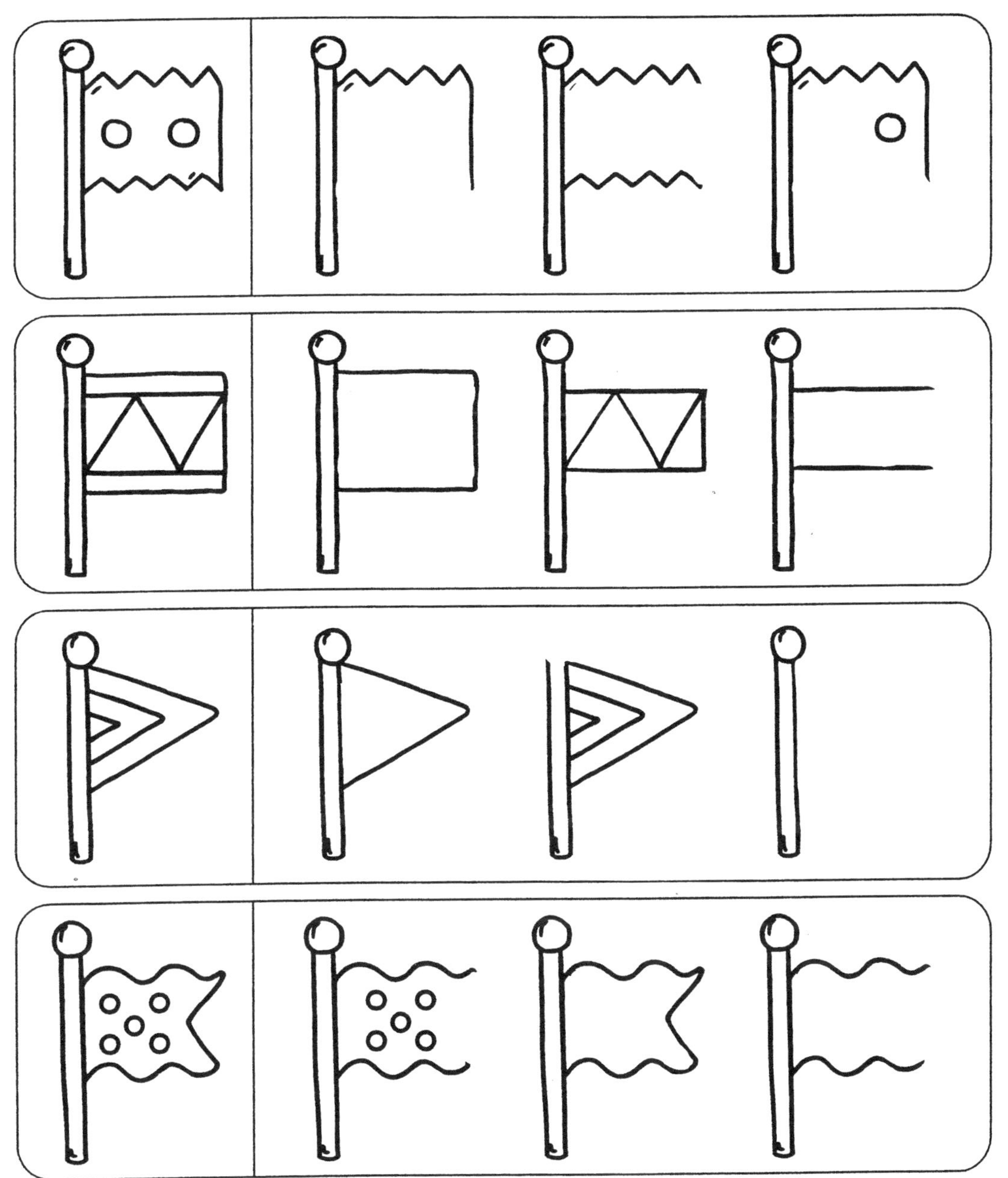

Alle Flaggen sollen wie die erste in der
Reihe aussehen. Male sie fertig!

Welches Kuchenstück gehört
zu welcher Torte? Verbinde!

Was trägt man im Winter? Male blau aus.
Was trägt man im Sommer? Male gelb aus.

Das Eichhörnchen hat Futter vergraben.
Wie kommt es an die Nüsse?

Hoppla, hier fehlt doch was!
Male es dazu.

Wie viele Dinge siehst du in jedem Kästchen?
Kreuze die richtige Zahl an!

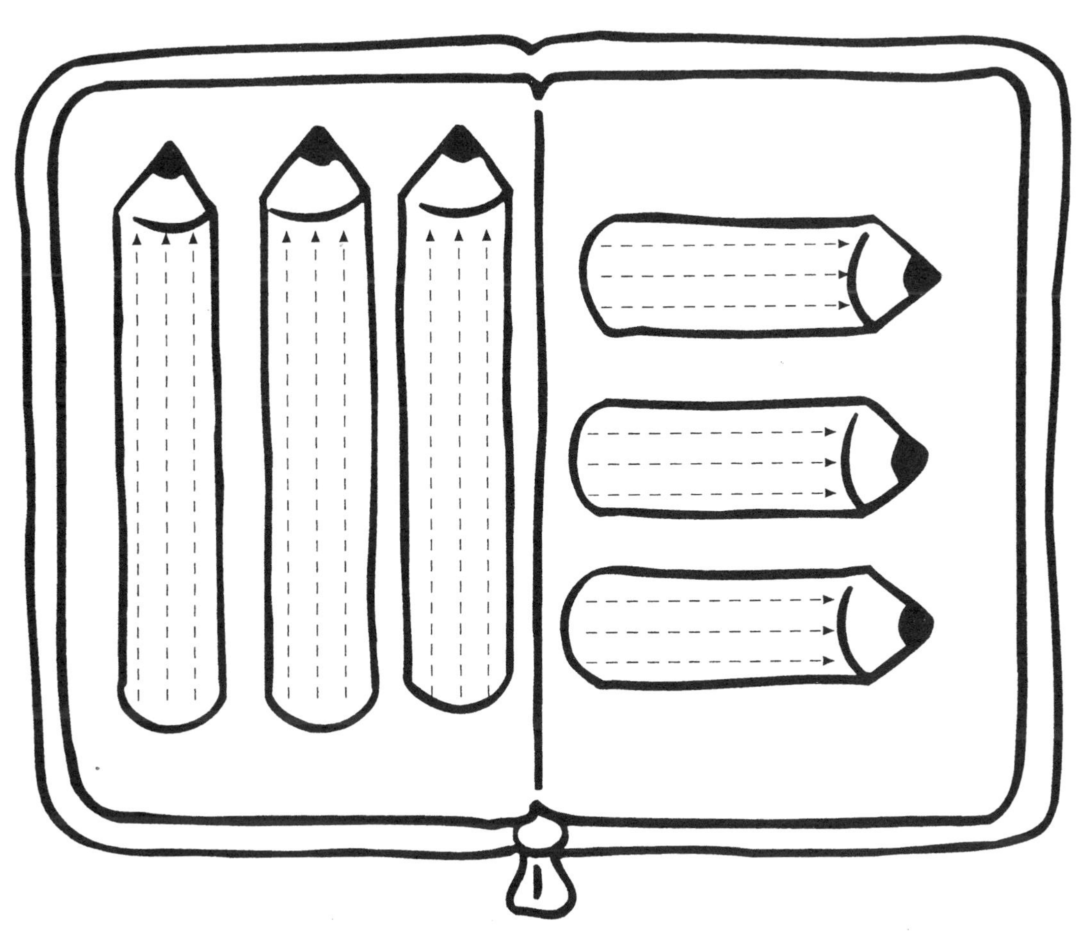

Male die Stifte im Mäppchen fertig!
Folge den gestrichelten Linien und den Pfeilen!

Wo findest du die Form wieder?
Male das Bild in der gleichen Farbe aus!

Male jede Frucht, die gelb ist oder gelb sein kann,
mit deinem gelben Stift aus.

Schau genau! Male rot aus, was du einmal siehst.
Male blau aus, was du zweimal siehst.

Welches Kind spielt mit dem Auto?
Zeichne die gepunkteten Linien nach!

Lass den Baum erblühen.
Male die gestrichelten Blätter fertig!

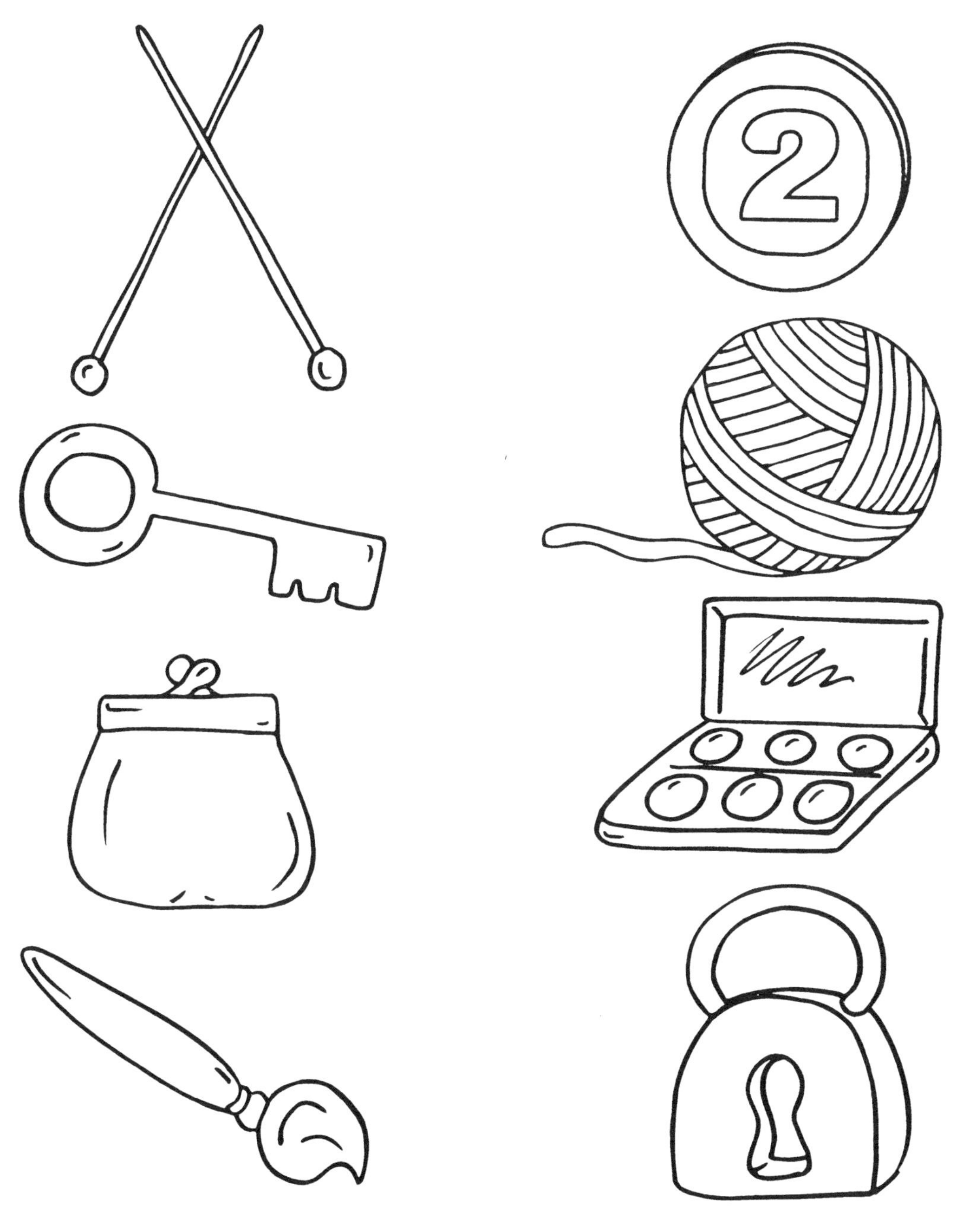

Was gehört zusammen? Verbinde!

Hier fehlt überall ein Stück!
Male es dazu.

Erkennst du das Schattenbild?
Verbinde, was zusammengehört!

Immer zwei Pullover sind gleich.
Male sie in der gleichen Farbe aus!

Zwei Katzen spielen mit Wolle.
Zeichne die Spuren des Fadens mit deinem Stift nach!

Der Maler streicht die Wände.
Hilf mit und spure die Linien mit dem Pfeil nach!

Kannst du schon die Zahlen schreiben?
Spure sie mit bunten Stiften nach!

Suche zu jedem Ding den passenden Schatten!
Verbinde!

Welche Teile ergeben ein Tier?
Verbinde!

Was gehört zusammen?
Verbinde richtig!

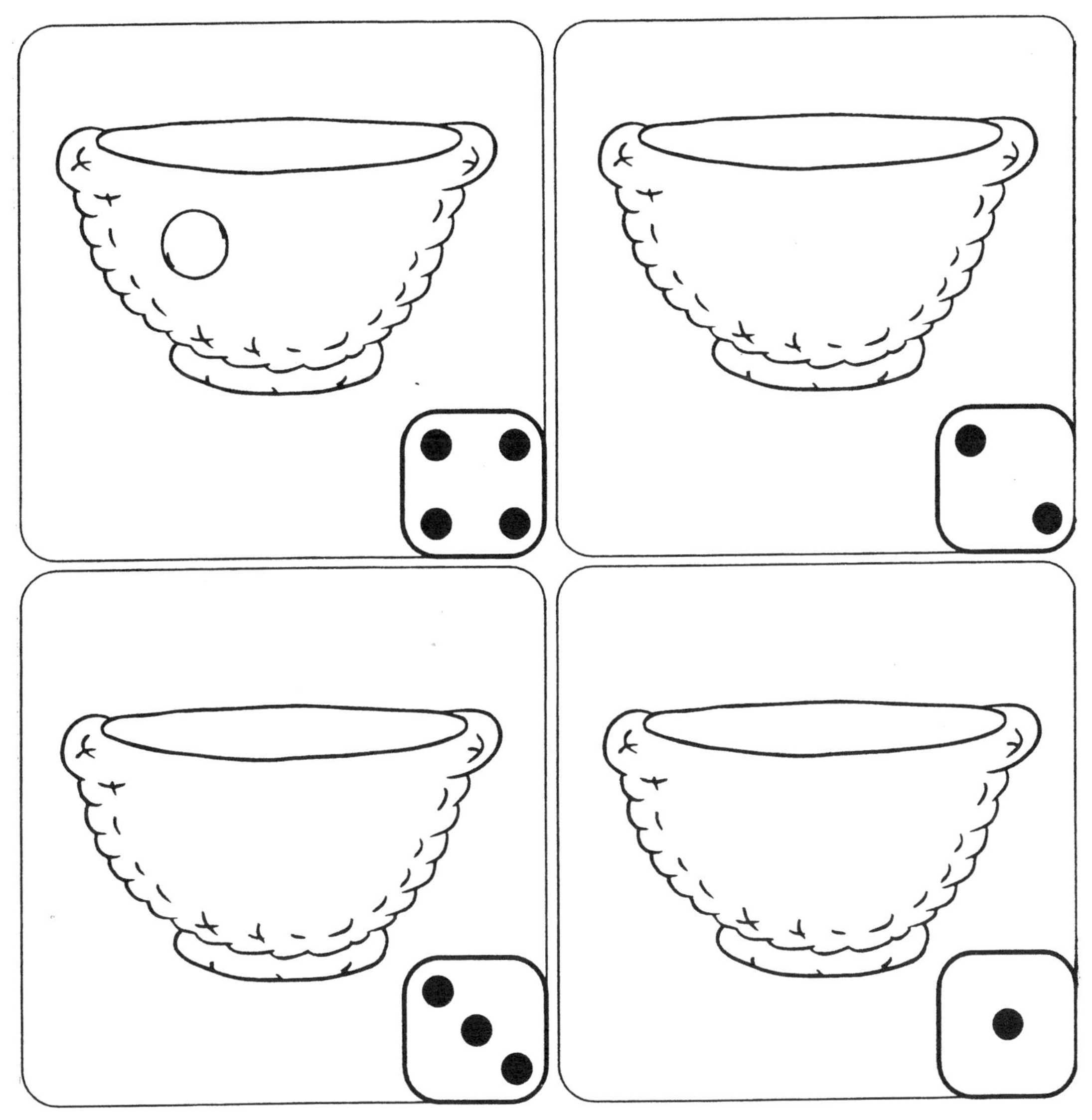

Hilf mit beim Aufräumen! Male immer so viele Bälle in den Korb, wie die Würfelzahl sagt!

Folge mit deinem Stift den Spuren am Himmel!
Achte auf die Pfeile. Bleibe immer auf dem Weg!

Verbinde alle Dinge, die
sich gleichen, mit einer Linie!

Die Sonne hat ihre Strahlen verloren.
Lass sie wieder scheinen.
Zeichne dazu die gestrichelten Linien nach!

Immer zwei Menschen sehen gleich aus.
Male die Rahmen der Zwillinge jeweils gleich aus!

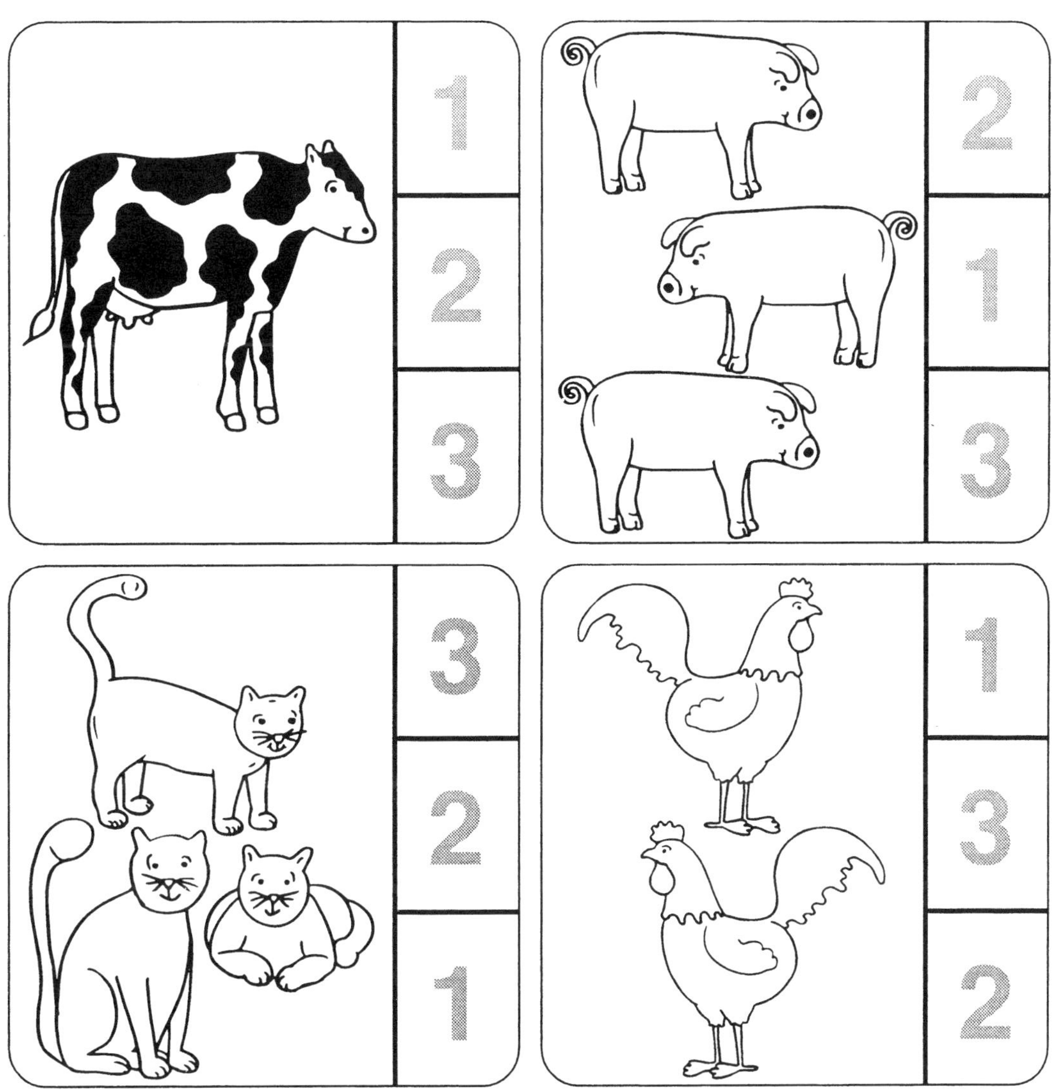

Wie viele Tiere siehst du in jedem Kästchen?
Kreuze die richtige Zahl an!

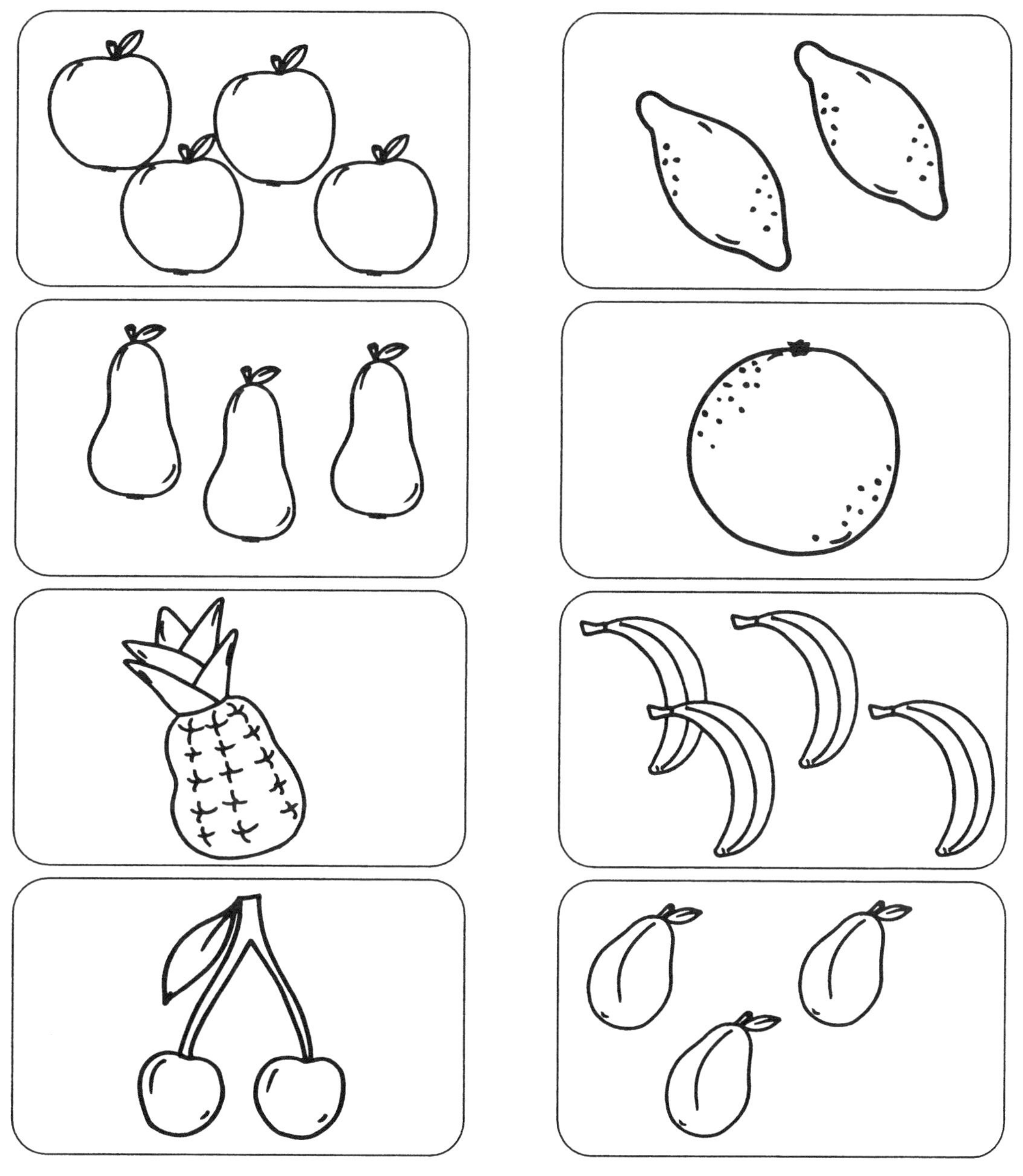

Gleich viele? Verbinde jeweils zwei Kästen mit der gleichen Anzahl von Dingen!

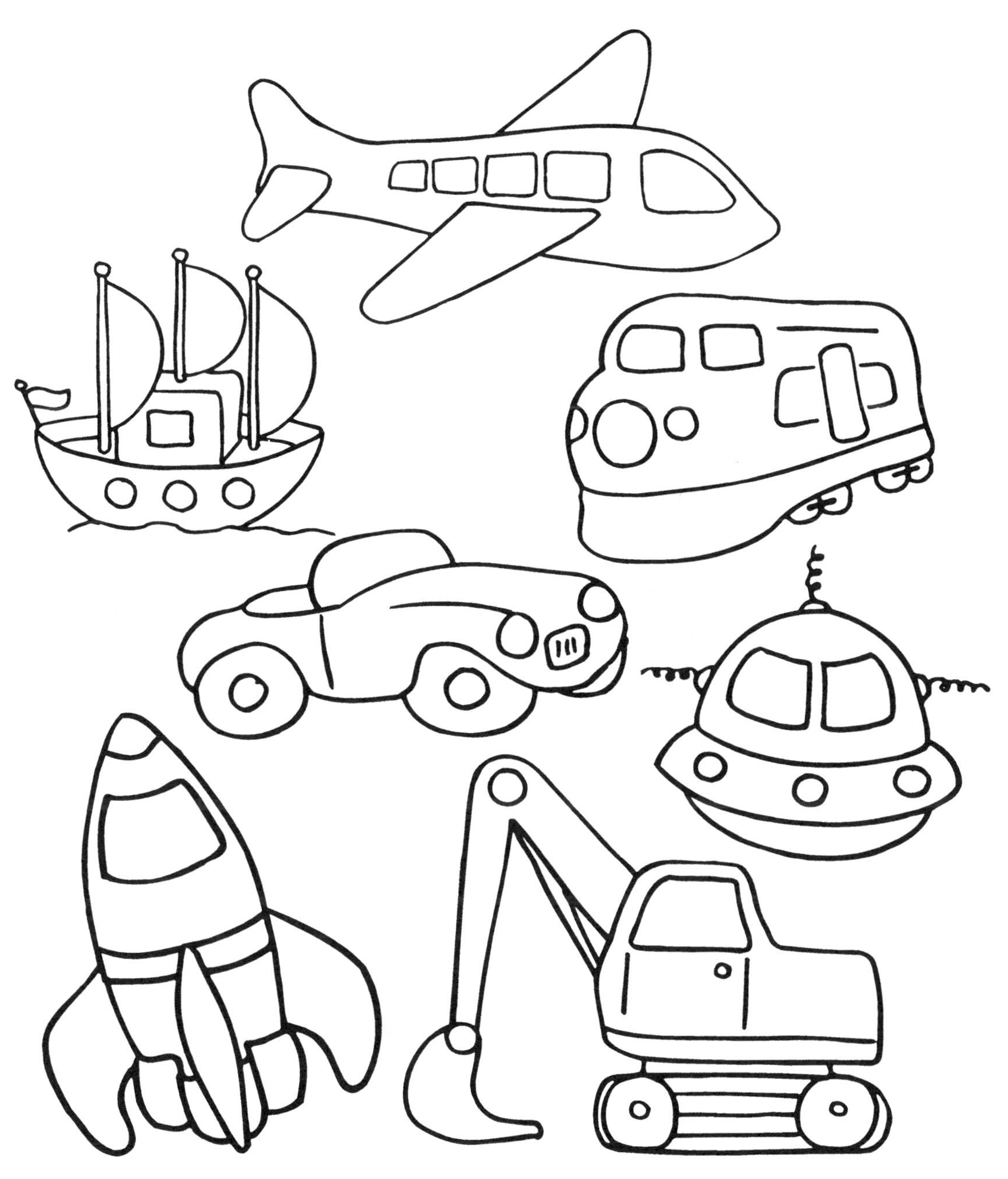

Male alles, was in der Luft fliegt, blau aus!
Male alles, was fährt, rot aus!

Alles grün? Eine Sache passt nicht dazu.
Male sie richtig aus!

Ergänze das Bild im rechten Kästchen!

Zu welcher Jacke gehört welche Hose oder welcher Rock?
Verbinde richtig!

Hoppla, hier fehlt etwas!
Male die Bilder fertig!

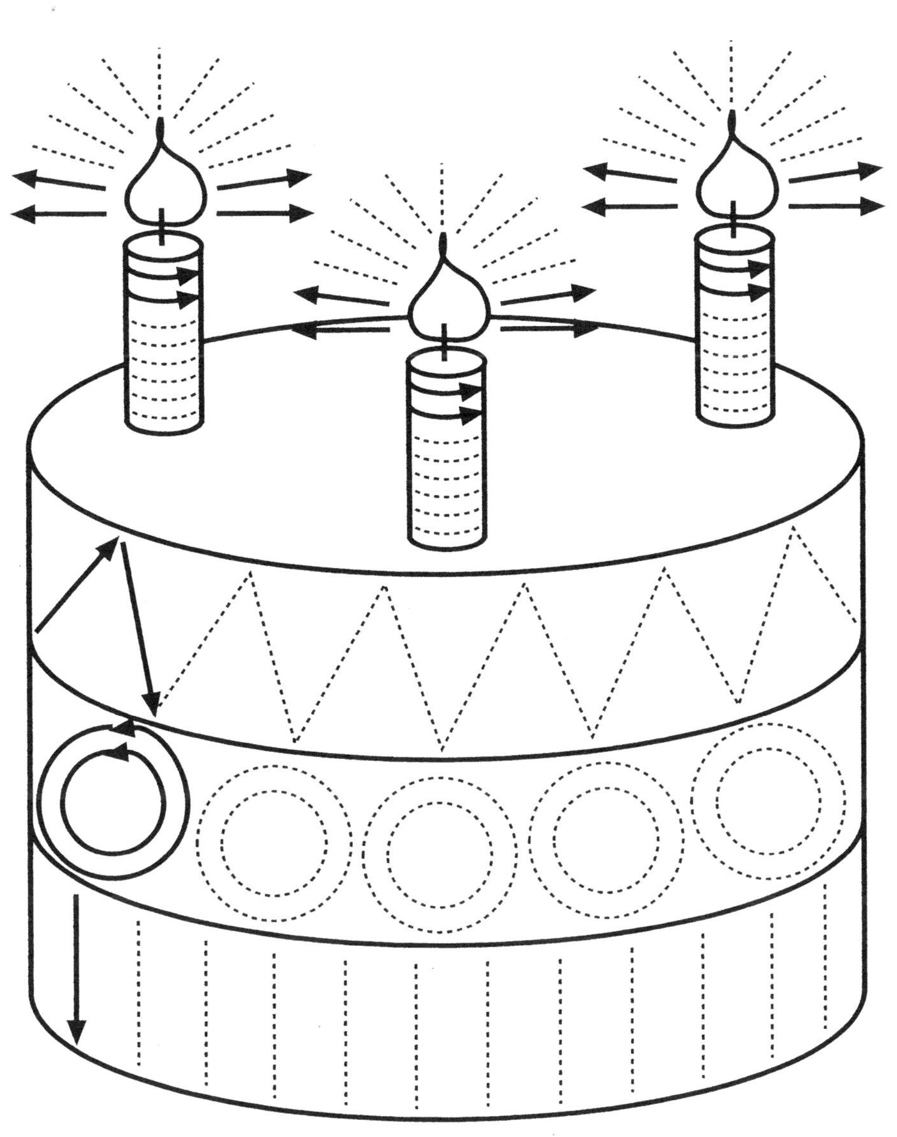

Der Bücherbär hat Geburtstag. Verziere die Torte!
Male viele bunte Muster darauf.

Erkennst du das Schattenbild?
Verbinde mit einer Linie!

Zu welchem Tier gehört das Fell?
Verbinde mit einer Linie. Male beides gleich aus.

Wie kommt der Maulwurf nach Hause?
Zeichne den richtigen Weg mit einem Stift ein.

Kannst du richtig aufräumen?
Was gehört in den Kühlschrank? Male die Bilder gelb aus!
Was gehört in den Geschirrschrank? Male die Bilder blau aus!

Kennst du schon die Zahlen? Wohin gehören die Briefe?
Verbinde mit einem Strich.

Hoppla, hier fehlt doch was!
Ergänze die rechten Bilder.

Im Waschbeutel ist ein Ding, das nicht zu den anderen passt. Streiche es weg!

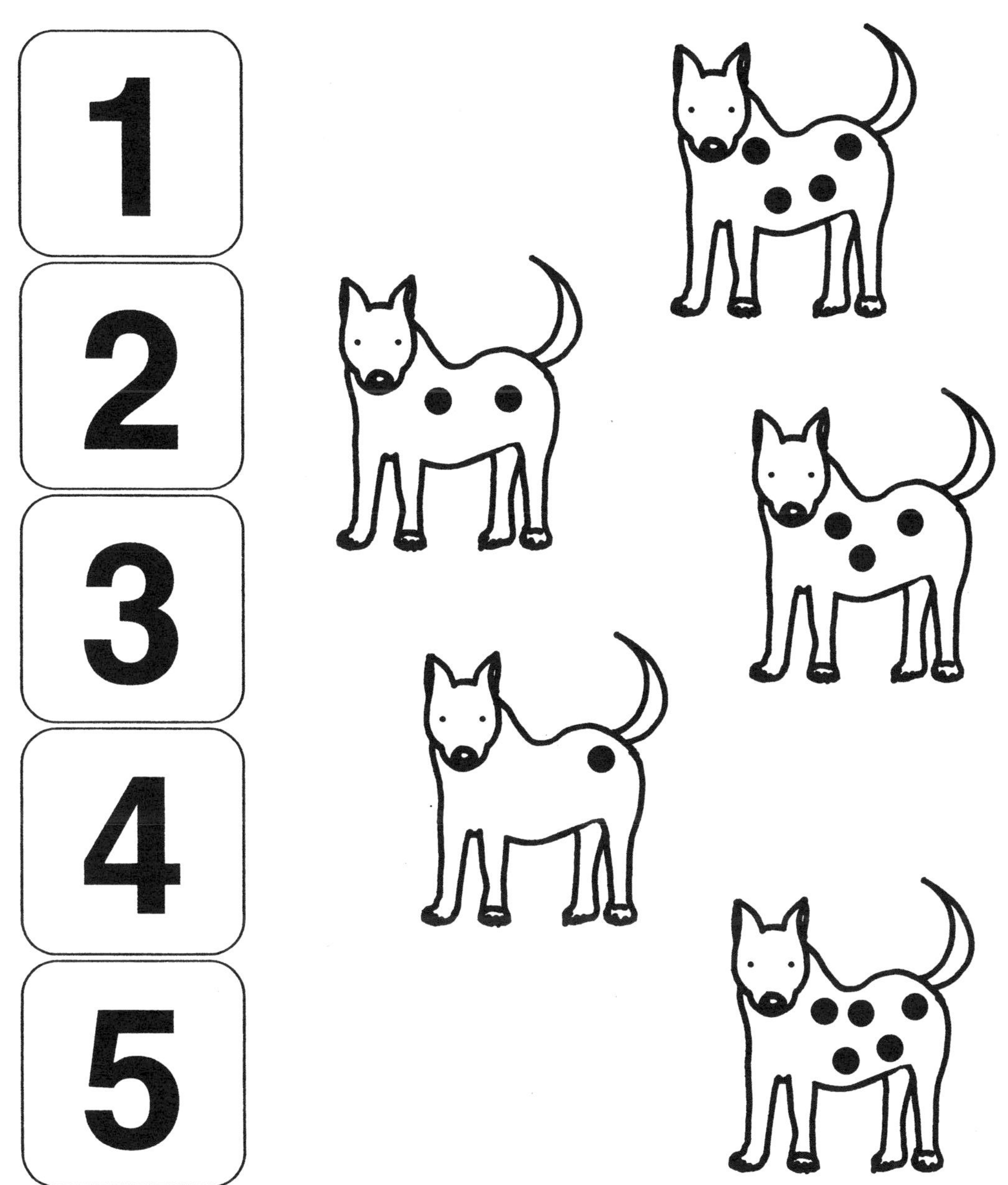

Kannst du schon gut zählen?
Wie viele Flecken hat der Hund? Verbinde.

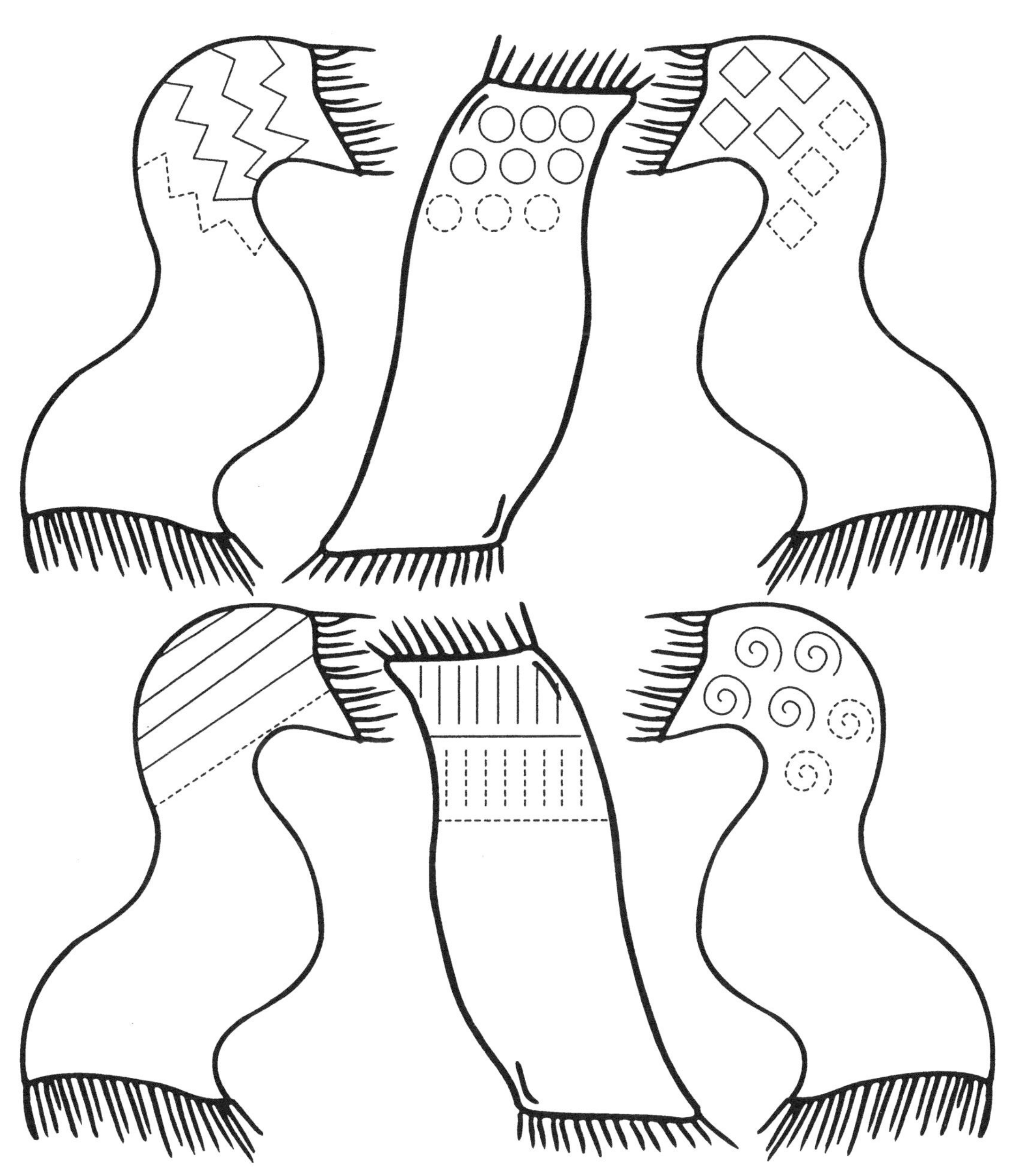

Male die Muster der Schals genauso weiter!

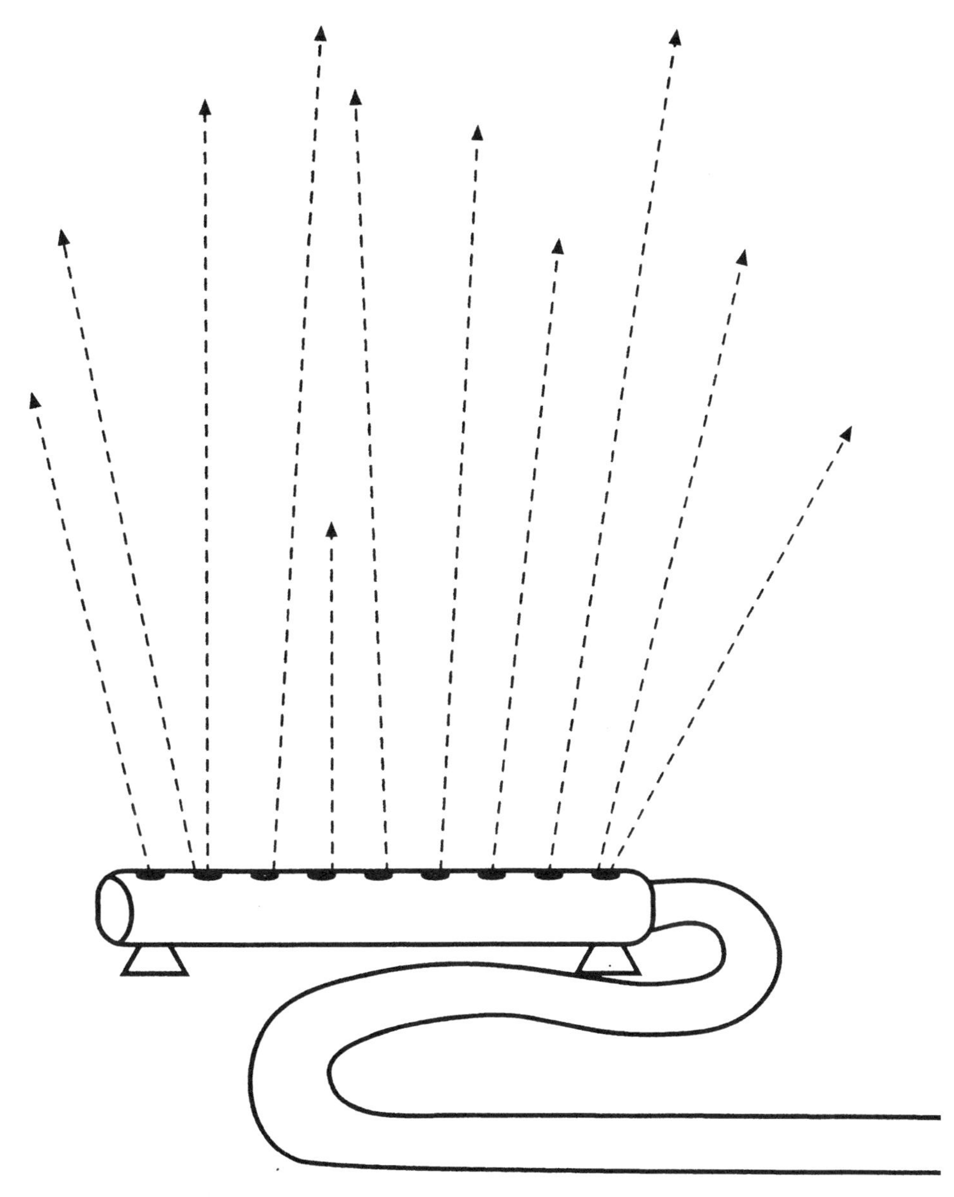

Der Rasen ist viel zu trocken. Schalte den Rasensprenger an und male viele Wasserstrahlen.

Kannst du auch schon diese Zahlen schreiben?
Nimm viele bunte Farben! Übe oft.

Wer wohnt in welchem See?
Spure nach, dann weißt du es!

Lass die Blumen erblühen!
Folge den Pfeilen.

Suche den Weg aus dem Wald!
Berühre dabei nicht den Rand!

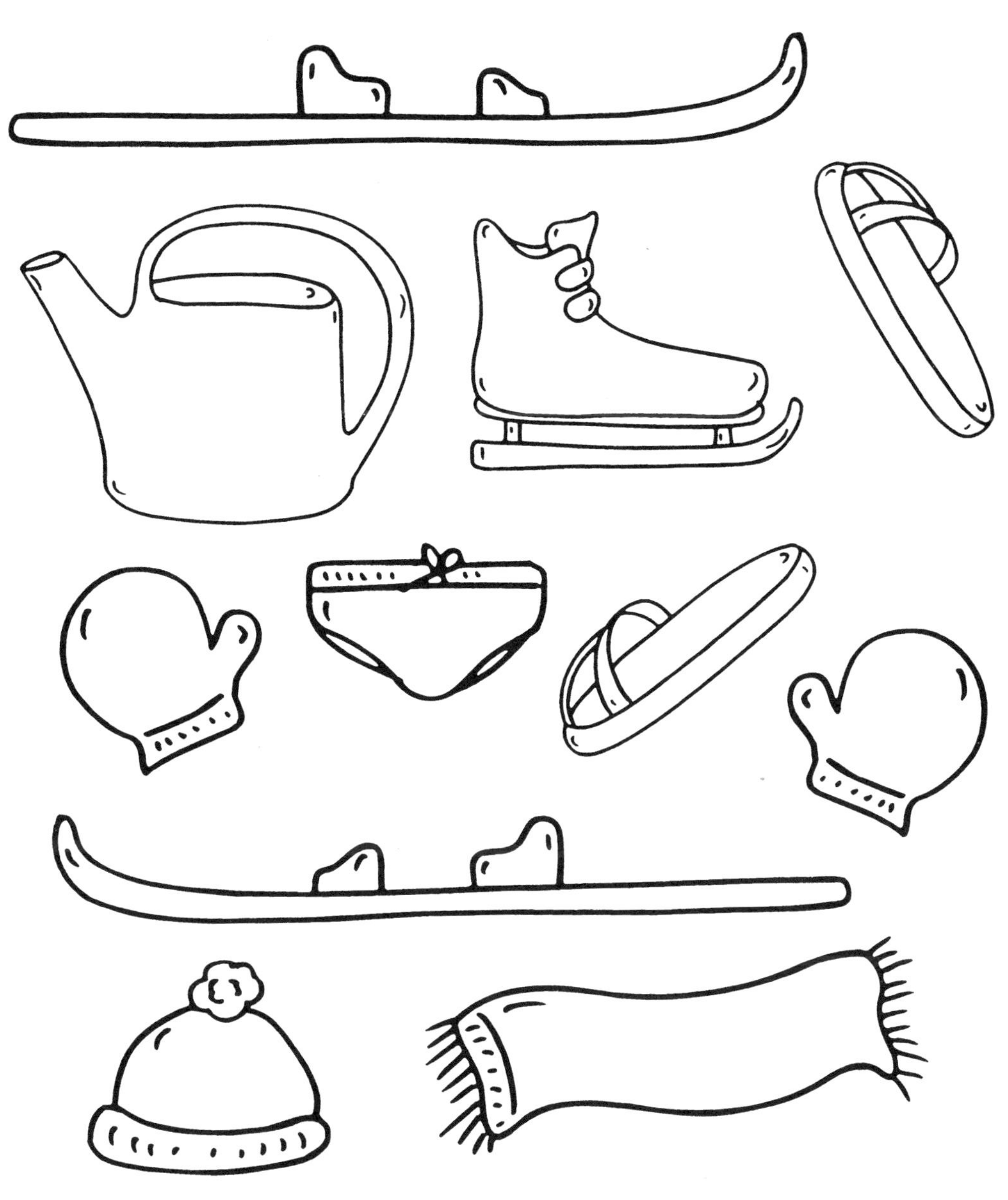

Dinge für den Wintersport.
Was passt nicht dazu? Streiche es durch!

Was gehört zusammen?
Verbinde mit einer geraden Linie.

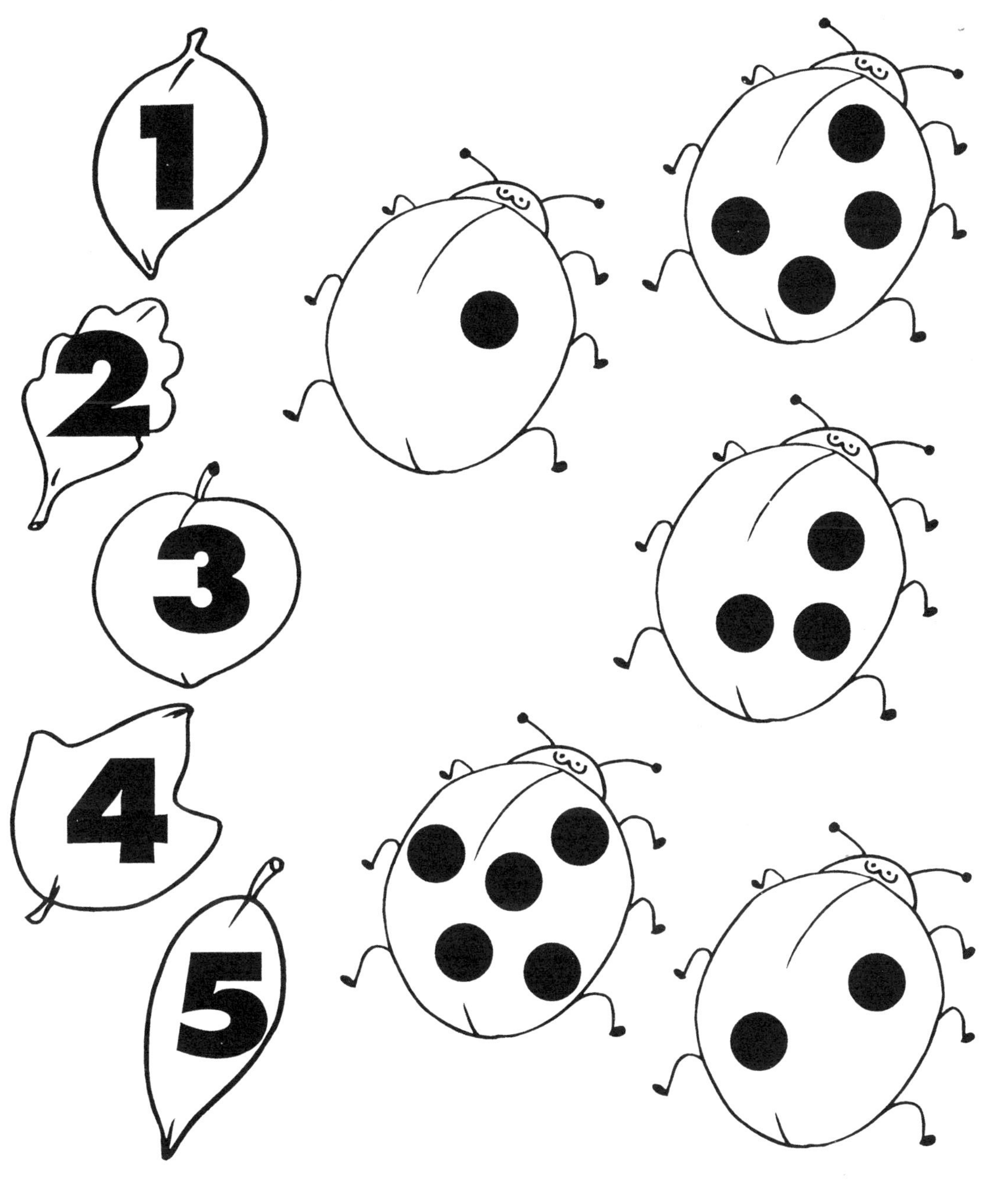

Wie viele Punkte zählst du auf jedem Marienkäfer?
Verbinde jeden Käfer mit seinem Blatt!

Wer trägt welchen Hut?
Verbinde!

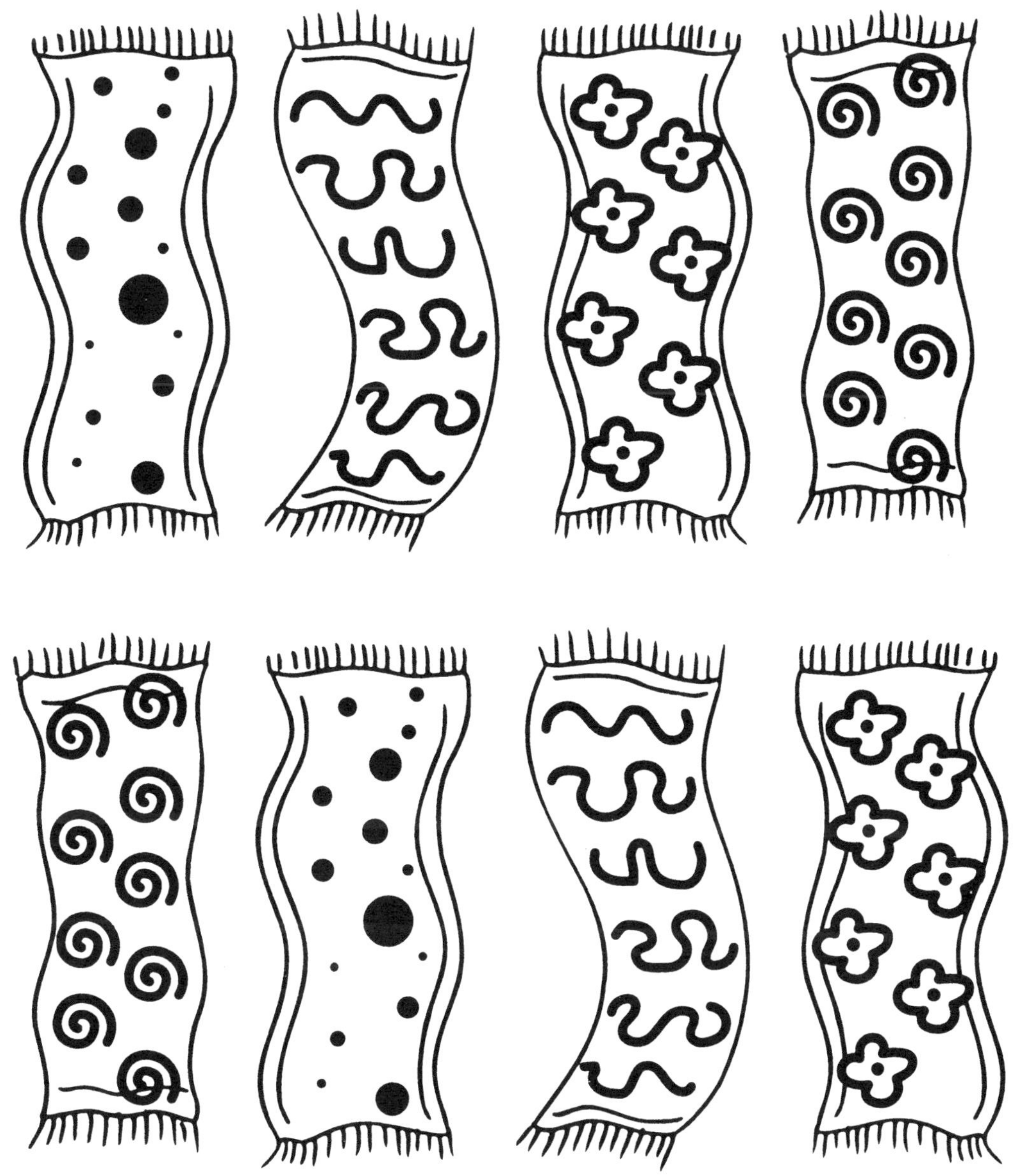

Welche Schals haben das gleiche Muster?
Verbinde und male aus!

Folge mit deinem Stift den Spuren am Boden!

Jeder Puppe fehlt etwas.
Male es dazu.

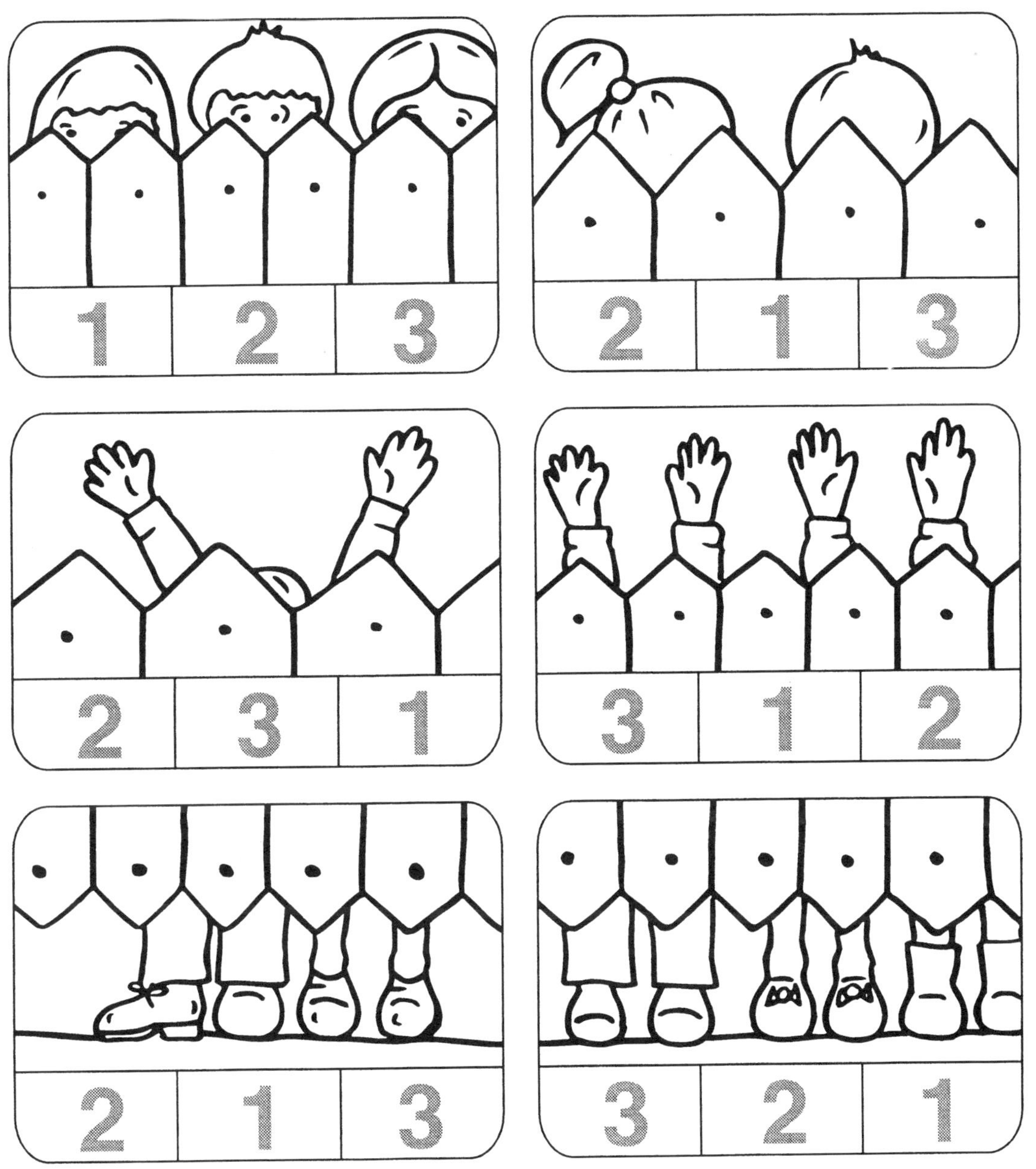

Wie viele Kinder stehen hinter dem Zaun?
Kreuze die richtige Zahl an!

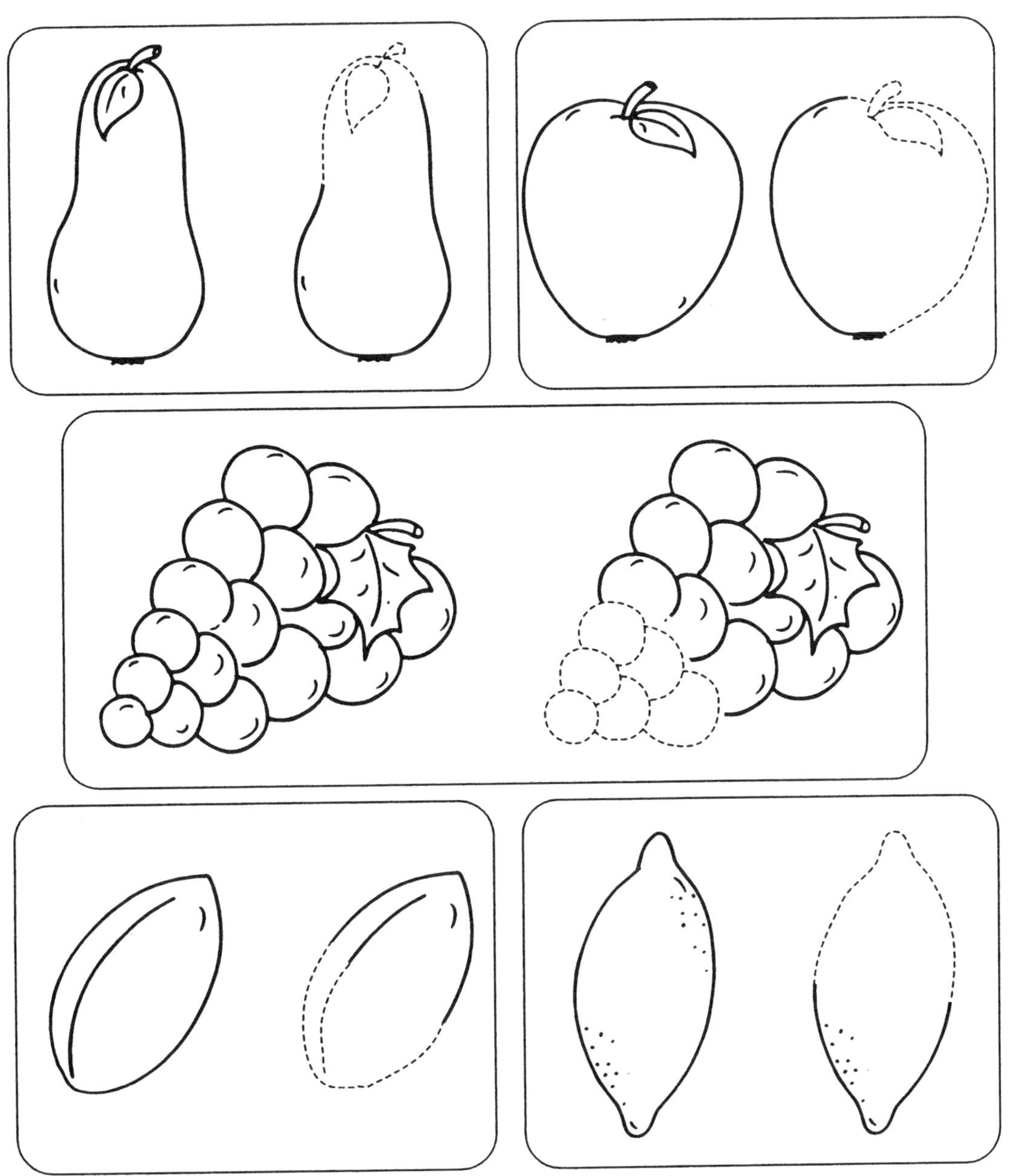

Ergänze das rechte Bild!

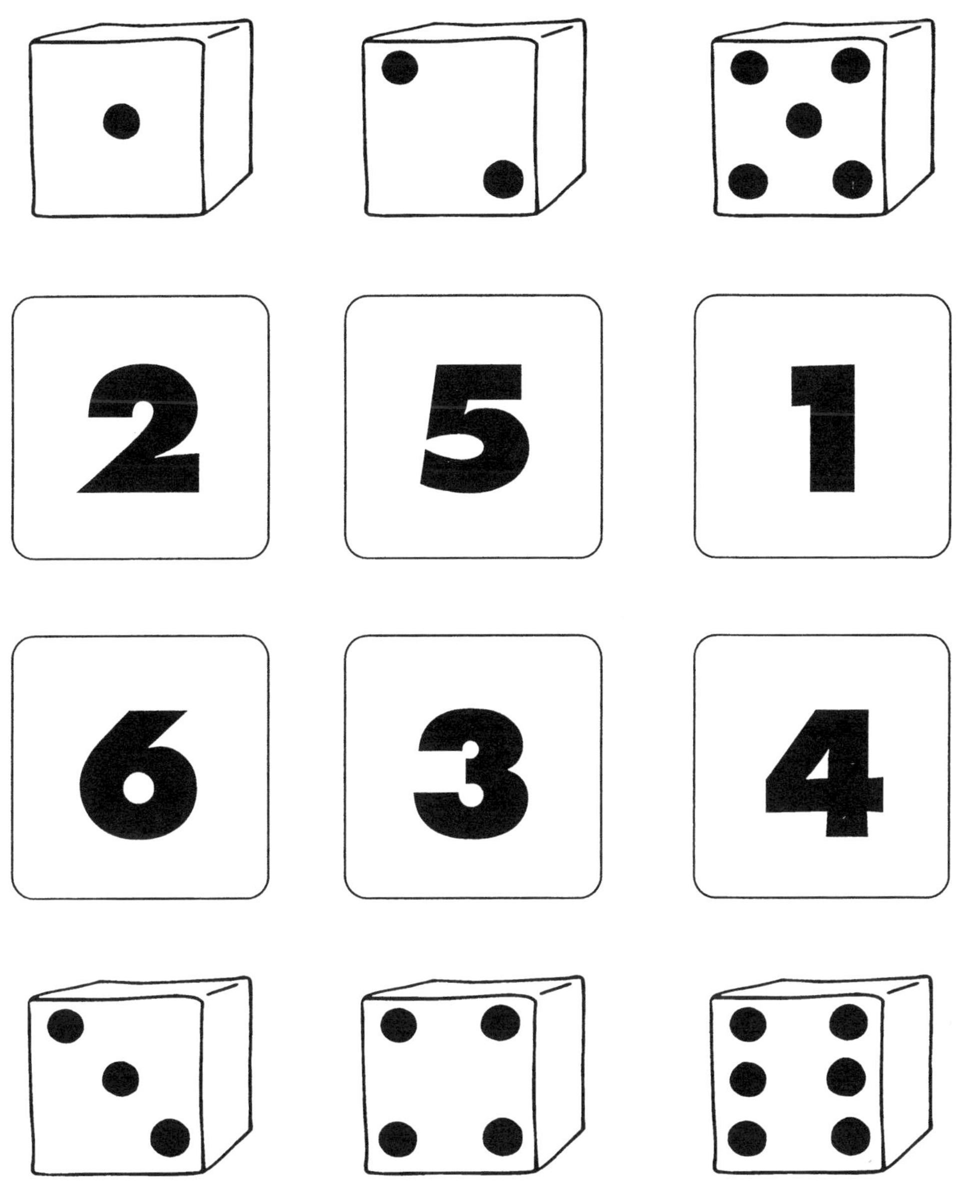

Was gehört zusammen?
Verbinde jeden Würfel mit der richtigen Zahl!

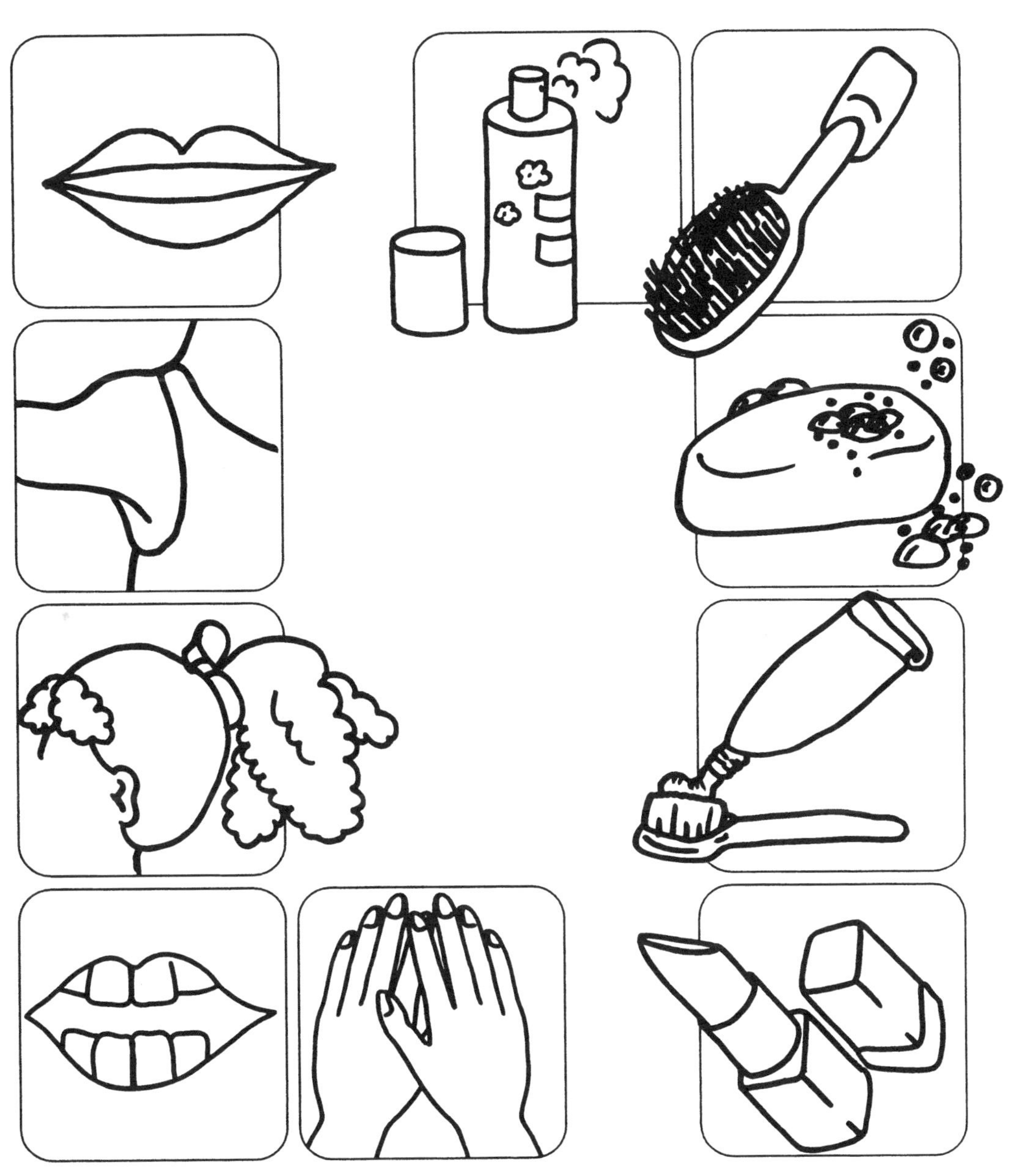

Was gehört zusammen?
Verbinde mit einer geraden Linie.

Zu wem gehören diese Sportgeräte?
Verbinde mit einer geraden Linie.

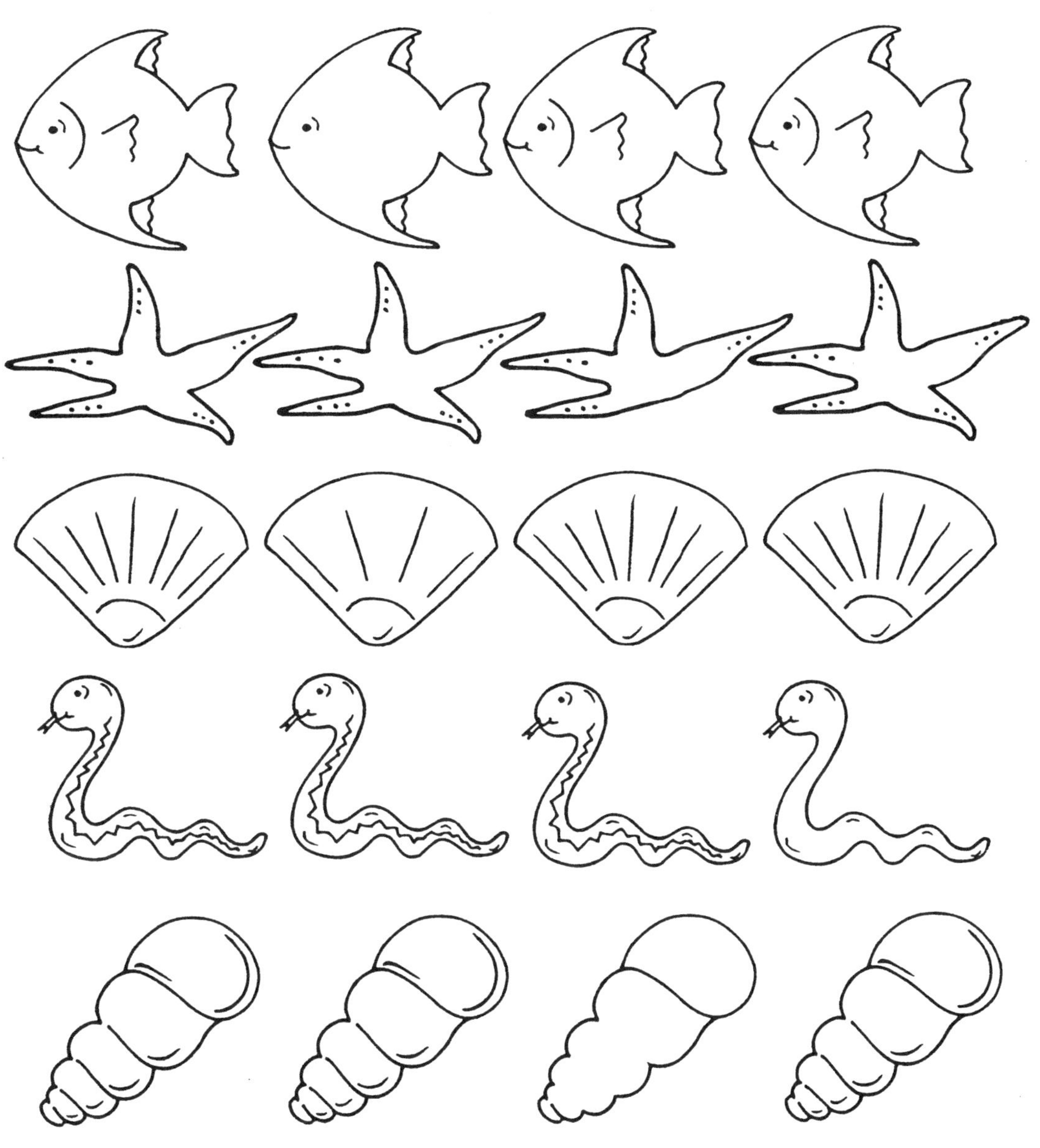

In jeder Reihe sieht ein Bild anders aus als die anderen. Streiche es durch!

Gleich viele? Verbinde jeweils zwei Kästen
mit der gleichen Anzahl von Dingen!

Zu welcher Boje fährt jedes Boot?

Welche Zahlen haben sich hier versteckt?
Zeichne die gepunkteten Linien nach!

Einmal nah – einmal fern.
Verbinde, was zusammengehört!

In jeder Reihe sieht ein Bild anders aus als die anderen.
Streiche es durch!

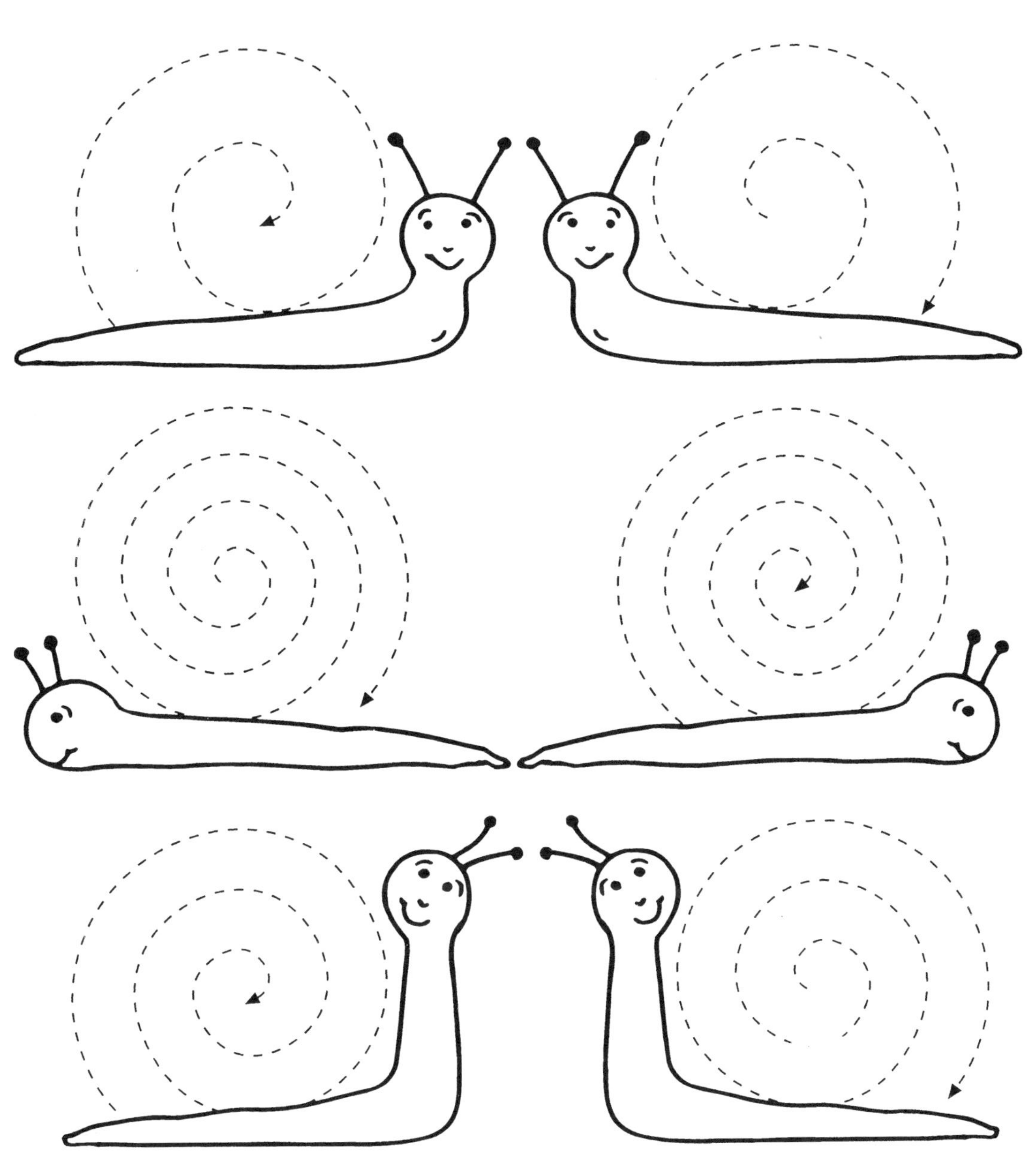

Die Schnecken haben ihre Häuser verloren.
Hilf ihnen und male neue!

Welches Kind malt welches Bild?
Verfolge die Linie mit dem Stift!

Womit kannst du fahren?
Male die richtigen Bilder aus!

Der Bär backt Plätzchen.
Mit welchen Formen hat er gebacken?
Male Plätzchen und Form in der gleichen Farbe aus!

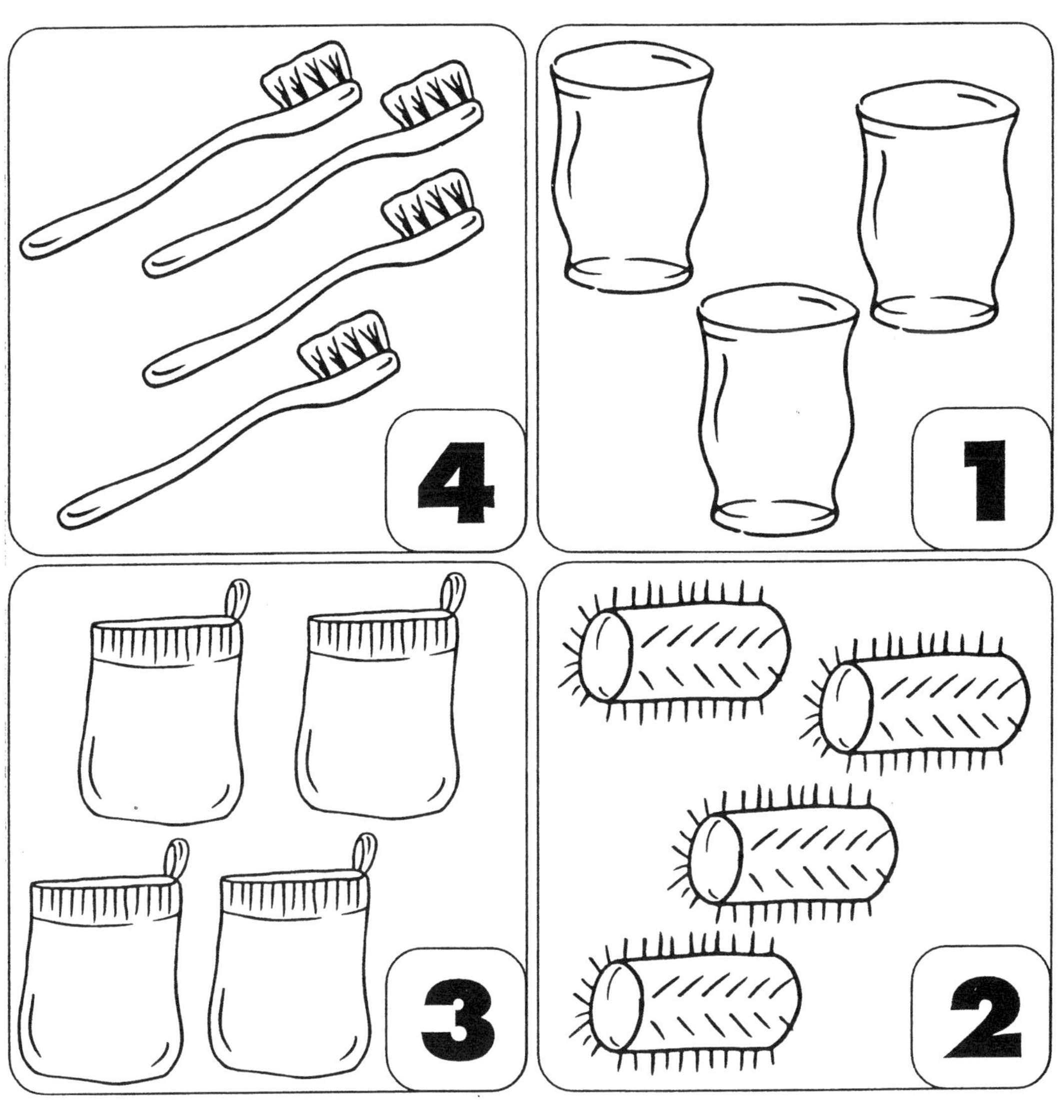

Male immer so viele Dinge aus, wie die Zahl
im kleinen Kästchen angibt!

Wie kommt der Hund zu seiner Wurst?
Zeichne den richtigen Weg ein.

Hilf mit beim Einpacken!
Immer 3 Dosen sollen in eine Kiste. Kreise sie ein!

Einmal von nah, einmal von fern.
Verbinde, was zusammengehört.

Male die Mäusespuren nach, dann entsteht ein Wort.
Kannst du es schon lesen?

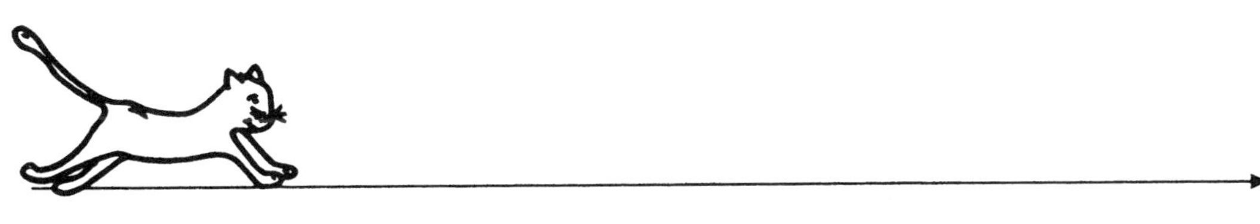

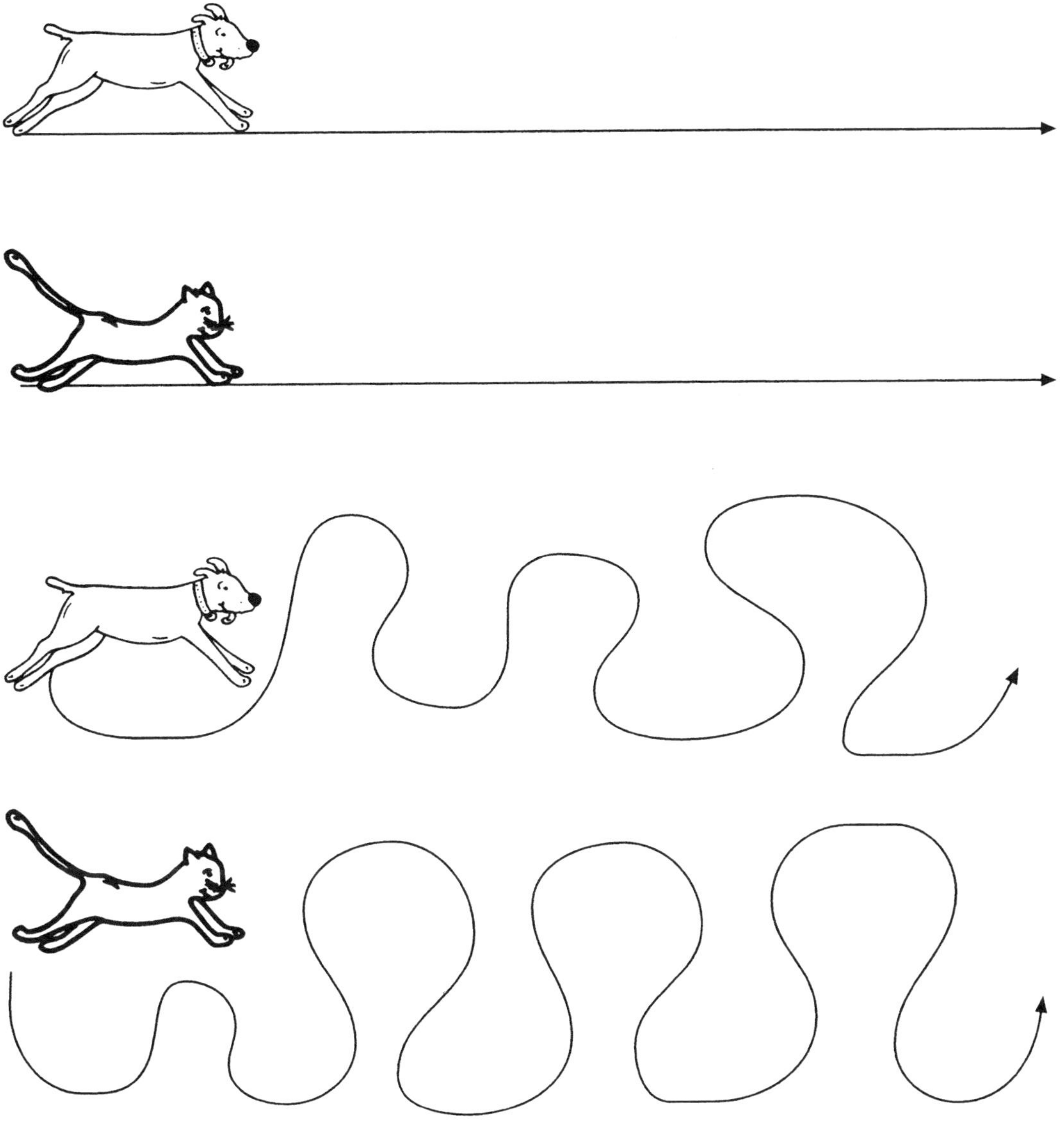

Hund und Katze laufen um die Wette.
Folge ihren Spuren erst mit dem Finger,
dann mit bunten Stiften!

Die Kinder spielen Sackhüpfen. Hilf ihnen beim Springen.
Zeichne dazu die gestrichelten Linien genau nach!

Wie viele Luftballons hat jedes Kind?
Verbinde mit der richtigen Zahl!

Der kleine Bär fährt mit dem Ballon.
Folge den Pfeilen!

Was gehört zusammen?
Verbinde!

Susi macht viele Seifenblasen.
Zeichne sie mit einem Stift nach.

Hier stimmt etwas nicht! Kreuze an!

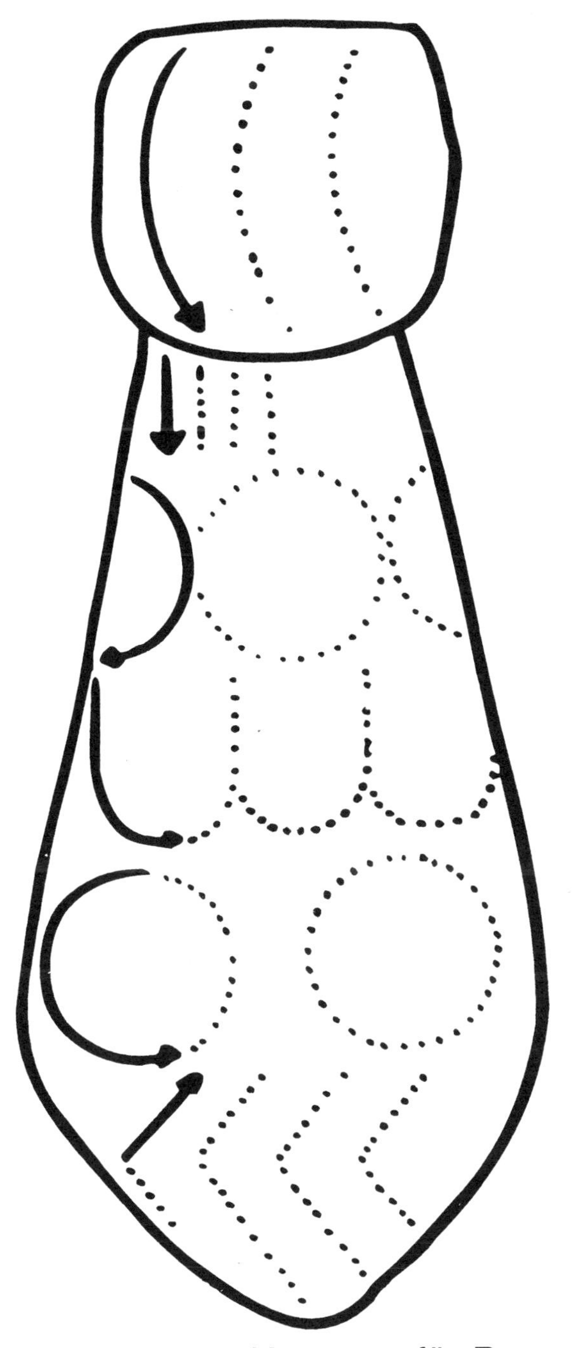

Eine neue Krawatte für Papa.
Male sie fertig! Achte auf die Pfeile!

Male alle Früchte
in der richtigen Farbe an.

Male alles, was fliegt, blau aus!
Male alles, was kriecht, rot!

Wo findest du die Form wieder? Male sie in der gleichen Farbe aus!

Lass den Rolladen herunter.
Folge mit deinem Stift den Pfeilen!

Wo findest du diese Formen wieder?
Male sie in der gleichen Farbe aus.

Was gehört zusammen? Verbinde!